Eisenach:

Ein Bilderbuch

A. Ketschau

1

Bibliografische Information der Deutschen Nationalbibliothek:

Die Deutsche Nationalbibliothek verzeichnet diese Publikation in der Deutschen Nationalbibliografie; detaillierte bibliografische Daten sind im Internet über

http://dnb.d-nb.de

abrufbar.

© 2018

Herstellung und Verlag: BoD – Books on Demand, Norderstedt

Ketschau, A.

Eisenach: Ein Bilderbuch

ISBN 9783752802733

Die spätere Stadt Eisenach verdankt ihre Entstehung der Lage an alten Heeres- und Landesstraßen. Hier trafen sich sieben Fernhandelsstraßen aus allen Himmelsrichtungen. Auch die „Weinstraße", die über den Thüringer Wald lief. Nachweise menschlicher Besiedelung reichen bis etwa 5000 v. Chr. zurück. Archäologische Funde aus dem nördlichen Eisenach belegen, dass zu dieser Zeit hier Ackerbau und Viehzucht betrieben wurde. Auch die Kelten hinterließen ihre Spuren. Eisenbarren, die ca. 1845 in einer Felsenhöhle entdeckt wurden, sind im Museum für Früh- und Urgeschichte in Weimar ausgestellt. Der Name des Wartbergs soll ebenfalls keltisch sein: Wartberg als keltische Warte. Mit dem Sieg der Römer und dem Vordringen der Germanen endete ca. 50 v. Chr. die Zeit der Kelten. Eine germanische Ansiedlung der Hermunduren (germanische Stammesgruppe, die bis ca. 4./5. Jh. lebte) befand sich um Christi Geburt um Stregda im Norden von Eisenach. Die Hermunduren waren direkte Vorgänger der Thüringer. Die Gegend um Eisenach war ab dem 5. Jahrhundert Teil des Thüringischen Königreichs. Dieses erstreckte sich unter König Bisinus nach Süden bis über den Main, vielleicht auch bis zur Donau. Das Reich existierte bis 531. In der Schlacht an der Unstrut besiegten die merowingischen Franken unter den Königsbrüdern Chlothar I. und Theuderich I. die Thüringer. Nachdem das Reich nicht mehr existierte, wurde das Gebiet fränkisches Territorium und Teil der christlichen Missionstätigkeit. Franken siedelten im 8. Jahrhundert am Ufer der Hörsel im Osten Eisenachs. Mauerreste und Flurnamen wie „An der Peterskirche" und „Altstadt" erinnern daran. Diese frühmittelalterliche Siedlung ist wohl der Ursprung der heutigen Stadt. Die ältesten Urkunden aus diesem Gebiet stammen aus dem 10. Jahrhundert. Der Sage nach soll die Wartburg 1067 von Graf Ludwig dem Springer aus dem Geschlecht der Ludowinger errichtet worden sein. Da Graf Ludwig zu dieser Zeit versuchte, durch den Bau von Burgen seine territoriale Macht zu festigen, könnte diese Aussage zutreffen. 1080 wurde die Wartburg erstmals urkundlich von dem sächsischen Chronisten Bruno von

Merseburg erwähnt. Der Name Eisenach erscheint erstmals 1150 in einer schriftlichen Quelle, als ein Ritter Berthold de Isenacha beerdigt werden sollte. Zirka 100 Jahre später ist die Entwicklung der anfänglich kleineren Kaufmannssiedlung hin zur Stadt mit Stadtmauer abgeschlossen. Ab Mitte des 12. Jahrhunderts wurde der Siedlungsschwerpunkt ins heutige Stadtzentrum verlegt. Zu dieser Zeit herrschte Landgraf Ludwig II. († 1172). Sein Sohn Ludwig III. († 1190) nennt sich auf einer Münze schon Landgraf von Eisenach. Zwischen 1180 und 1189 wurde Eisenach auch das erste Mal urkundlich erwähnt. Viele berühmte Persönlichkeiten weilten auf der Wartburg. Walther von der Vogelweide, Heinrich von Veldecke und Wolfram von Eschenbach lieferten so den Stoff für Sagen, insbesondere über die Sage vom Sängerkrieg, die aus einer Dichtung des mittleren 13. Jahrhunderts hervorging. Eisenach wurde Dreh- und Angelpunkt für die landgräflichen Städte. Nach dem Erbfolgekrieg schwand die Bedeutung Eisenachs und Weimar wurde Hauptstadt. Jacob Strauß, Prediger der Georgenkirche, verlieh Eisenach zu Zeiten der Reformation und dem von ihm entfachten Wucherstreit (1523/24) neue Bedeutung. Martin Luther weilte ebenfalls auf der Wartburg und übersetzte hier Teile der Bibel (1521/22). Luther war gegen die Gewaltanwendung von unten. Der Kampf gegen den Zinswucher ging so an die Bauernhaufen und an Thomas Müntzer. Die Unruhen der Bauernaufstände in Eisenach begannen im April 1525. Diese nahmen ihre blutige Krönung mit der Hinrichtung der Hauptleute des Werrahaufens durch das Schwert der Truppen des hessischen Landgrafen. Hans Sippel aus Vacha war Anführer des Werrahaufens. Ein Bronzerelief an der Stadtmauer der Burg Wendelstein in Vacha erinnert an Hans Sippel.

Der Dreißigjährige Krieg und die Pest hinterließen auch in Eisenach deutliche Spuren. Ein Großbrand, der von einem schwedischen Soldaten verursacht worden war, setzte Eisenach im Jahr 1636 sehr zu. Zwei Drittel Eisenachs fielen den Flammen zum Opfer. Das selbstständige Herzogtum Sachsen-Eisenach wurde nach wiederholtem Wechsel der Herrschaftsverhältnisse 1672 durch Herzog Johann Georg I. gegründet. Man schrieb das Zeitalter der Eisenacher Barockkunst. Die ersten Stadtmusikanten waren seit 1566 die Stadtpfeifer. Johann Ambrosius Bach kam 1671 als Organist und Stadtmusikus nach Eisenach. Sein Sohn Johann Sebastian Bach wurde 1685 geboren.

Das Herzogtum fiel 1741 an Sachsen-Weimar und war bis 1748 Residenzstadt. Danach verlor die Stadt an Bedeutung, eigener Amtssitz und eigene Regierung verblieben allerdings. Die Bewohner Eisenachs hatten auch unter dem Siebenjährigen Krieg zu leiden. 1757 wurde die Stadt von 24.000 Franzosen und danach von 30.000 Preußen heimgesucht, die alles plünderten. 1817 zogen Studenten zur Wartburg, um am Burschenschaftstreffen teilzunehmen und die nationale Einheit Deutschlands zu fordern. 1825 wurde in Eisenach die erste Bürgerschule, 1830 die erste Forstschule, 1837 einer der ersten Kindergärten und 1843 ein Realgymnasium eröffnet. 1840 wurde Ernst Abbe geboren. Er war Begründer der wissenschaftlichen Optik sowie Mitbegründer der Carl-Zeiss-Werke und Glaswerke Schott & Co. in Jena. Vom 7.-9.8.1869 fand ein Eisenacher Kongress statt. Hier wurde die Sozialdemokratische Arbeiterpartei (SDAP, „Eisenacher") gegründet. Diese bildete das Fundament der ersten national organisierten demokratischen Massenpartei der Arbeiterklasse. Auf dem Eisenacher Kongress bekannte sie sich zu dem Programm von August Bebel. Eisenach ist auch für seine Automobilindustrie bekannt. Weitere Industrien folgten. Im Ersten Weltkrieg hatte Eisenach ca. 40.000 Einwohner, davon waren rund 1400 gefallen. Im Zweiten Weltkrieg waren es rund 2.000 gefallene Männer, und 400 Juden wurden hier ermordet. Über 300 Menschen starben bei Bombenangriffen. Natürlich hatte Eisenach im Krieg auch materielle Schäden zu beklagen. So wurden rund 75 % des Automobilwerks zerstört, ebenso wie rund

2000 Wohnhäuser. Viele Gedenksteine und Straßennamen erinnern außerdem an gefallene Antifaschisten.

Nachdem 1920 der Freistaat Thüringen gegründet wurde, wurde Eisenach wieder Kreisstadt. Während der Nachkriegs- und zu DDR-Zeiten war Eisenach Grenzstadt. Es gehörte zum Bezirk Erfurt. Die Entwicklung Eisenachs wurde durch Kohle-, Energie- und Rohstoffmängel behindert. Außerdem mussten Kriegsschäden beseitigt und alles wieder aufgebaut werden. Die Betriebe und Einrichtungen wurden saniert und wieder Instand gesetzt. Soziale Netze wurden entwickelt. Es wurden eine Musikschule, eine medizinische Fachschule und ein Institut für Lehrerbildung gegründet sowie Schwimm- und Sporthallen, Sportstätten u.ä. eröffnet. Auch Wohnungen wurden gebaut. Ebenso wurde die Industrie ausgebaut. Ein bekannter Exportschlager war das Auto „Wartburg", das hier bis 1991 produziert wurde. Außerhalb Eisenachs befinden sich eine Reihe Eisenacher Ortsteile: Berteroda, Hötzelsroda, Madelungen, Neukirchen, Stockhausen, Stregda, Neuenhof/ Hörschel, Stedtfeld, Wartha/ Göringen.

Die Wartburg wird das erste Mal 1080 urkundlich erwähnt. Sie geht auf die Zeit der Ludowinger zurück. Martin Luther übersetzte auf der Wartburg Teile des Neuen Testaments, als er hier in Schutzhaft genommen wurde. Landgräfin Elisabeth lebte hier von 1211 bis 1228 und unterstützte die Armen.

Das Burschenschaftsdenkmal auf der Göpelskuppe wurde 1902 eingeweiht. Wilhelm Kneis entwarf es für die Deutschen Burschenschaften. Unter der Kuppel wurden die Köpfe sechs bedeutender deutscher Männer nachgebildet: Hermann der Befreier, Karl der Große, Luther, Dürer, Goethe, Beethoven.

Das Bachdenkmal steht in trauter Einheit mit dem Bachhaus am Frauenplan. Es wurde von Adolf von Dorndorf geschaffen.

Das Bachhaus wurde 1907 von der Neuen Bachgesellschaft als Gedenkstätte der Öffentlichkeit zugänglich gemacht. Museumsbesucher erleben optisch und akustisch die Zeit, in der Johann Sebastian Bach hier lebte und wirkte.

Brunnen auf dem Eisenacher Marktplatz mit dem Schutzpatron St. Georg. Im Hintergrund das Stadtschloss.

*Die Georgenkirche wurde 1180 erbaut. Zu Ehren ihres Schutzpatrons St. Georg
erhielt sie ihren Namen. Martin Luther predigte hier, die Hl. Elisabeth heiratete hier
Ludwig IV. und Johann Sebastian Bach wurde hier getauft.*

Die Nicolaikirche (oben) wurde 1180 als Pfarr- und Gotteshaus für die Benediktinerinnen gebaut. Sie ist das jüngst entstandene romantische Bauwerk Thüringens. Das Nicolaitor (unten links) ist das älteste Stadttor Südthüringens und das letzte erhaltene von ursprünglich 5 Stadttoren. Das Lutherdenkmal (unten rechts) am Karlsplatz wurde 1896 anlässlich des 375. Jahrestages der Ankunft Martin Luthers auf der Wartburg eingeweiht.

Oben: Pulsierendes Leben auf dem Karlsplatz. Im Hintergrund das Nicolaitor.

Villa in der Wartburgallee 84. Die Villa wurde zw. 1903/04 von Lorenz Freitag entworfen und erbaut.

Villa Antik in der Wartburgallee 55. Die Villa wurde um 1900 von einem jüdischen Mitbürger erbaut, der 1912 zu den Opfern beim Untergang der Titanic zählte. Das Haus wurde einige Zeit als Jugendtreff genutzt und stand dann viele Jahre leer. Zunehmender Verfall und Vandalismus drohten. 2005 fanden sich Liebhaber, die das Haus kauften und aufwendig sanierten. Die schöne Jugendstilvilla mit den vielen Nischen und Erkern wird heute nach langem Dornröschenschlaf als Restaurant und Wohnhaus genutzt. Das Foto oben zeigt die Villa in heutigem Zustand, links vor der Sanierung. Das linke Foto stammt aus dem Jahr 2003. Die Villa steht heute unter Denkmalschutz.

Villa am Reuterweg 1. Die Villa wurde 1862 im Burgenstil erbaut. Im Sommer überragt nur der achteckige Turm das Grün. Die Villa wurde lange als Wohnhaus genutzt und später als Kinderheim. Nach 40jähriger Nutzung als Kinderheim wurde die Villa 1990 wegen Unbewohnbarkeit geräumt. Seit 1992 wird sie als Pension genutzt.

Die Villa in der Fritz-Koch-Straße 25 wurde von Lorenz Freitag entworfen und entstand zwischen 1906-07.

Die Villa in der Fritz-Koch-Straße 23 wurde 1908 von Lorenz Freitag fertiggestellt. Gustav Bergner, Besitzer der Schuhfabrik in Eisenach, kaufte das Haus und zog 1909 ein. 1914 vermiete er die Villa an Helene Brunner und Emma Scheuer. Die Villa wechselte mehrmals den Besitzer.

Die Villa in der Fritz-Koch-Straße 34 (oben) wurde 1896-97 als Einfamilienhaus von Lorenz Freitag erbaut. Unten: Die Villa in der Fritz-Koch-Straße 36 geht ebenfalls auf Lorenz Freitag zurück. Kriegs- und andere Schäden machten aufwendige Sanierungsarbeiten an der Villa erforderlich.

Oben: Villa am Reuterweg 2. Die Villa wurde 1866 erbaut und war das Domizil des Dichters Fritz Reuter und seiner Frau Luise. Seit 1897 findet man hier auch eine Richard-Wagner-Sammlung. Die Villa wird inzwischen als Museum und Standesamt genutzt. Unten: Villa in der Johannes-Falk-Straße 3. 1919 erwarb der pensionierte Oberst Max Hundrich die Villa, der hier alleine mit seiner Haushälterin lebte. Nach seinem Tod übernahmen seine Tochter und Schwiegersohn die Villa. Die Villa blieb auch danach in Familienbesitz.

Die Villa in der Johannes-Falk-Straße 10 wurde ursprünglich als Berghotel Marienhöhe von Lorenz Freitag erbaut (1906/07). Ab 1918 erfolgten verschiedene Umbauten. 1918-1945 führte die Mathilde-Zimmer-Stiftung hier das Töchternheim Irmgardhaus. Die Evangelisch-Lutherische Kirche Thüringens übernahm das Haus 1952 als Besitzer und ließ es instand setzen. Das Haus wurde einige Zeit als Kindererholungsheim genutzt. 1970 übernahm der Diakonie-Verbund Eisenach gem. GmbH das Haus und ließ es für die Förderung und Rehabilitation geistig behinderter Kinder und Jugendlicher umbauen.

Am Lutherplatz standen seinerzeit etwas schief und ungleich gebaute Häuser. Dieses bauhistorische Ensemble fiel den Bomben des Zweiten Weltkriegs zum Opfer, nur das Lutherhaus, das Luther während seiner Schulzeit bei der Familie Cotta bewohnte, wurde wieder aufgebaut. Seit 1956 gibt es hier eine Luthergedenkstätte. Neben einem Shop und einem Museum findet man hier ein Café. Regelmäßig gibt es hier zu Luthers Sterbetag am 18. Februar eine Gedenkveranstaltung. 1896 wurde anlässlich des 375. Jahrestages der Ankunft Martin Luthers auf der Wartburg am Karlsplatz das Lutherdenkmal eingeweiht.

Lutherhaus

Die ehemalige evangelische Gottesackerkirche (Kreuzkirche, Predigerkirche) ist seit 1991 landeskirchliches Archiv. Die Grundsteinlegung erfolgte 1692. Bis 1902 Friedhofskirche, ab 1906 Garnisonskirche. Die Kirche ist umgeben vom Alten Friedhof, der seit der Neueröffnung des Neuen Friedhofs im Norden Eisenachs nicht mehr benutzt wird. Der Alte Friedhof und die Kreuzkirche sind denkmalgeschützt.

Diese und folgende Abbildungen: Alter Friedhof, Kreuzkirche (Gottesackerkirche, Predigerkirche) und Reste der Alten Stadtmauer.

Ein schattiges Plätzchen an heißen Tagen.

Zerbrochener Grabstein des Hofagenten Bohl (†1791) und seiner Gattin.

Jahrhunderte alte Grabsteine auf dem parkähnlichen Gelände des Alten Friedhofs.

Einst wurden die Grabsteine kunstvoll gestaltet.

Grabstein an den Resten der Stadtmauer.

Aufgang zum Stadtpark.

Schloss Pflugensberg oberhalb des Stadtparks von Eisenach, einst Sitz der Fabrikantenfamilie von Eichel-Streiber und von 1921 bis 2008 Sitz der Evangelisch-Lutherischen Landeskirche Thüringens.

Eingangspforte zum Karthausgarten. Folgende Abbildungen: Karthausgarten und Wandelhalle.

Beginn des Naturlehrpfades
„GOTTLOB KÖNIG" (1776-1849)

Verlauf: Mariental –Annatal –
Hohe Sonne –Weinstraße.

Markierung:

Die gesamte Anlage steht unter
Naturschutz. Angelegt durch die
Natur-u. Heimatfreunde im
D. Kulturbund.

An den Karthausgarten angrenzende Wandelhalle. Sie stammt aus der Zeit des ehemaligen Kur- und Mineralbetriebs. 1938 wurde der Kurbetrieb eingestellt. Die Wandelhalle wird seitdem für kulturelle Zwecke genutzt.

Im Karthausgarten.

An dieser Stelle stand das
Kartäuserkloster
Es wurde 1394 erbaut durch die Reformation aufgehoben und 1717 abgebrochen. Die Steine wurden zur Erbauung des Waisen - nachmaligen Strafarbeitshauses benutzt. 1897 ist auch dieses abgebrochen worden. An Stelle des Klosters: der Großherzogliche Kartausgarten seit 1825

Der Prinzenteich im Mariental erhielt seinen Namen nach den Söhnen der Herzogin Helene von Orlean. Diese lebte in Eisenach im Exil und unterstützte die Anlage des Teichs mit Geldspenden. Ihre Söhne nutzen die gefrorene Eisfläche des Teichs im Winter zum Schlittschuhlaufen, weshalb der Teich in der Bevölkerung den Namen „Prinzenteich" erhielt. Neben einem Bootsverleih gibt es hier auch ein „Restaurant und Café Prinzenteich". Das Teichgelände wurde mit zunehmender Bebauung und durch die Anlage der Villenkolonie Marienhöhe eingefasst. Eine Schwaneninsel und ein umlaufender Promenadenweg kamen hinzu, später ein Bootsverleih und ein Imbiss. Außerdem erhielt die Straßenbahn eine Haltestelle „Prinzenteich".

Oben: Burschenschaftsdenkmal und unterhalb das Berghotel. Unten: Wartburg.

53

Literatur

Herlind Reiß; Kulturdenkmale in Thüringen; Stadt Eisenach – Villen und Landhäuser am Fuße der Wartburg 2.1; E. Reinhold Verlag, 2006, ISBN 978-3-937940-24-3

Walter Höhn; Eisenach – Die Wartburgstadt zwischen Rennsteig und Hörselbergen; Michael Imhof Verlag, 2010, ISBN 978-3-86568-561-2

Kleine Thüringen-Bibliothek – Eisenach; Verlagshaus Thüringen, 1991, ISBN 3-86087-016-5

Renate und Guntard Linde/ Herbert Weißhuhn; Eisenach; Brockhaus, 1991, ISBNS 3-325-00311-7

Karlheinz Büttner; Gestern war's an mir, heute ist's an dir; memento mori – Eisenacher Bürger und ihre Grabstätten; Nestler Top Cards, 2013, ISBN 978-3-9813-1590-5

Petra Schall; Eselei – Die Wartburgesel und ihre Geschichte; Kleine Schriftenreihe der Wartburg-Stiftung – 2

Thüringisches Landesamt für Denkmalpflege und Archäologie, Bau- und Kunstdenkmalpflege (Hrsg.); Der Waldpark Wartburg; E. Reinhold Verlag, 2015, ISBN 978-3-95755-008-8

André Nestler / Reiner W. Nestler; Eisenach & Wartburg; Nestler & Nestler

A. Ketschau; Rund um die Wartburg; Books on Demand, 2017, ISBN 9783746046945

A. Ketschau; Eisenach: Die Stadt am Fuße der Wartburg; Books on Demand, 2018, ISBN 9783752876659

Renate Tegtmeyer; Eisenach einmal anders; Books on Demand, 2015, ISBN 978-3-7386-37113

Das kleine Buch vom
Dobermann

A. Ketschau
Das kleine Buch vom Samojeden

A. Ketschau
Das kleine Buch vom Tschechoslowakischen
Wolfshund und Saarlooswolfhond

Das kleine Buch vom Weißen
Schweizer Schäferhund

A. Ketschau
Das kleine Buch vom
Wellensittich

A. Ketschau
Das kleine Katzenbuch

Nasenarbeit für Hunde

Rund um die Wartburg

Schlittenhunde

A. Ketschau

Wellensittiche

Eisenach: Die Stadt am Fuße
der Wartburg

Weitere Bücher von der Autorin:

Das kleine Buch vom Deutschen Spitz; Books on Demand, 2., überarb. Aufl. 2018, ISBN 9783744892896; 15,99 €

Das kleine Buch vom Dobermann; Books on Demand, 2., überarb. Aufl. 2018, ISBN 9783744811156; 16,99 €

Das kleine Buch vom Samojeden; Books on Demand, 2., überarb. Aufl. 2018, ISBN 9783744890700; 16,99 €

Das kleine Buch vom Tschechoslowakischen Wolfshund und Saarlooswolfhond; Books on Demand, 2., überarb. Aufl. 2018; ISBN 9783744871044; 25,00 €

Das kleine Buch vom Weißen Schweizer Schäferhund; Books on Demand, 2., überarb. Aufl. 2018, ISBN 9783743192508; 16,99 €

Das kleine Buch vom Wellensittich; Books on Demand, 2017, ISBN 9783746028781; 16,99 €

Das kleine Katzenbuch; Books on Demand, 2017, ISBN 9783743180116; 22,99 €

Nasenarbeit für Hunde; Books on Demand, 2018, ISBN 9783752849660; 18,99 €

Rund um die Wartburg; Books on Demand, 2017, ISBN 9783746046945; 19,99 €

Schlittenhunde: Ein Bildband; Books on Demand, 2., überarb. Aufl. 2018, ISBN 9783746077505; 30,00 €

Weiße Schweizer Schäferhunde: Perlen im Licht der Sonne; Books on Demand, 2018, ISBN 9783746066103; 20,99 €

Wellensittiche; Books on Demand, 2018, ISBN 9783746098517; 20,99 €

Eisenach: Die Stadt am Fuße der Wartburg; Books on Demand, 2018, ISBN 9783752876659; 22,99 €

Weiße Schweizer Schäferhunde einmal anders; Books on Demand, 2018, ISBN 9783752895605; 16,99 €